PROJET

DE

RÉUNION DU LOUVRE

AUX TUILERIES

EN INTRODUISANT DANS LES PLANS DE MM. PERCIER ET FONTAINE

LA BIBLIOTHÈQUE ROYALE

ET DES

GALERIES POUR L'EXPOSITION DES PRODUITS DE L'INDUSTRIE,

PAR A. L. LUSSON,

ARCHITECTE DES TRAVAUX PUBLICS, ANCIEN COMMISSAIRE-VOYER DE 1ʳᵉ CLASSE DE LA VILLE DE PARIS,

AUTEUR DES OUVRAGES INTITULÉS :

CONSTRUCTIONS AU MEILLEUR MARCHÉ POSSIBLE.
MONUMENS ANTIQUES ET MODERNES DE LA SICILE, PALAIS ET MAISONS DE NAPLES.
PROJET D'UN COLLÈGE MODÈLE POUR TROIS CENTS ÉLÈVES.
PLAN D'UN ARCHEVÉCHÉ POUR LA VILLE DE PARIS.
PROJETS DE TRENTE FONTAINES MONUMENTALES,

ETC., ETC.

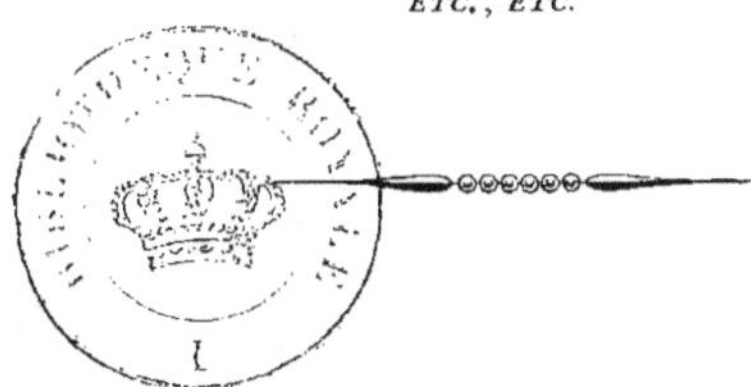

PARIS.

A. L. LUSSON, ARCHITECTE,

RUE DES SAINTS-PÈRES, 13.

BANCE AINÉ, Mᵈ D'ESTAMPES,	**CARILIAN-GŒURY, LIBRAIRE,**
RUE SAINT-DENIS, 271.	QUAI DES AUGUSTINS, 41.

IMPRIMÉ CHEZ PAUL RENOUARD, RUE GARANCIÈRE, N. 5.

1838.

PROJET DE RÉUNION

DU

LOUVRE AUX TUILERIES.

La ville de Paris vient de voir s'achever, comme par enchantement, plusieurs beaux édifices en construction depuis plus d'un demi-siècle, entre autres la Madeleine, Sainte-Geneviève dont la fondation remonte au règne de Louis XV, l'Arc-de-triomphe de l'Etoile et le palais du quai d'Orsay commencés par Napoléon, le Palais des Beaux-Arts par Louis XVIII, etc.; mais le plus majestueux de tous, celui que trois siècles et douze souverains, depuis François Ier jusqu'à Charles X, n'ont pu conduire à son dernier terme, le Louvre enfin, attend toujours qu'une main amie des arts et des grandes entreprises, achève de réaliser le beau projet conçu par Henri IV de le réunir aux Tuileries, et de ne faire des deux palais qu'une seule et même habitation royale : projet que Louis XIV reprit et laissa avorter, que Napoléon poursuivit avec ardeur et conduisit bien près de sa fin et qu'il n'a pas tenu à la volonté de Louis XVIII de voir complètement réalisé.

Deux circonstances nouvelles, la translation obligée de la Bibliothèque royale dans un autre lieu et d'autres bâtimens que ceux qu'elle occupe rue Richelieu, et le besoin de créer un emplacement consacré aux expositions périodiques des produits de l'industrie nationale, semblent venir à point pour résoudre et aplanir les difficultés qui jusqu'alors ont entravé les travaux de la réunion des deux palais.

Je ne suis pas le seul qui ait eu le désir d'appeler l'attention du gouvernement sur l'opportunité de réunir à la demeure du souverain, et de placer en quelque sorte sous la tutelle du prince, le sanctuaire des sciences, des lettres, des arts et de l'industrie.

Déjà un honorable député, à la tribune nationale, et pendant qu'on gravait mes plans, a émis une opinion semblable à la mienne; seulement il n'a appuyé son vœu d'aucun des renseignemens qui pourraient lui donner, auprès des ministres, toute l'importance qui lui est due. J'espère, par ce qu'on va lire et les dessins joints à cet écrit, ramener à cette opinion tous les hommes qui s'intéressent franchement au bien public.

Avant d'entrer dans les détails nécessaires à l'intelligence de mes plans, il n'est peut-être pas inutile de rappeler ici quelques uns des faits qui se rattachent à l'histoire particulière du Louvre et des Tuileries. Je vais le faire avec toute la brièveté possible.

Ces deux palais ont été commencés, le premier par François Iᵉʳ, en 1541, sur les dessins de Pierre Lescot, le second par Catherine de Médicis, en 1564, sur les dessins de Philibert Delorme et de J. Bullant; l'un était dans l'enceinte de la ville, l'autre en dehors; de là ce manque de niveau, de parallélisme et d'un axe commun qui ont fait le désespoir des architectes appelés à réunir plus tard les deux palais.

Le Louvre ne devait avoir primitivement qu'un corps de bâtiment principal que terminait à chacune de ses extrémités un pavillon carré; il commençait au pavillon formant l'angle du côté de la rivière et finissait au pavillon qui occupe aujourd'hui le centre de la grande cour; son entrée était par le milieu de la salle dite des cariatides, qui formait une grande galerie communiquant aux deux pavillons dont nous venons de parler; l'un, celui du côté de la Seine, était destiné à l'habitation, et l'autre, au bout opposé, contenait la salle des gardes, le grand escalier et la chapelle. La façade principale, du côté du levant, était décorée, comme nous la voyons, de deux ordres d'architecture l'un sur l'autre et d'un attique au-dessus, disposition qui annonçait d'une manière simple et précise que le rez-de-chaussée était consacré au service du prince, le premier à l'habitation du souverain, et l'attique au logement des personnes de sa suite.

Henri II a ajouté à ces constructions, et sur les mêmes dessins, une aile en retour sur la Seine, aile qu'il se proposait sans doute de répéter du côté du nord. Ce fut aussi lui qui, sur les dessins de Serlio ou plus probablement de J. Bullant, construisit l'aile sur le jardin de l'infante et une grande partie de ce qui existe sur le quai jusqu'au petit pavillon surmonté d'un campanille, où se trouvait alors la porte de la ville par laquelle Henri IV fit son entrée à Paris.

Charles IX continua ces travaux du bord de l'eau, que Henri IV acheva jusqu'auprès de ce campanille, si l'on en juge par la répétition fréquente du chiffre de ce prince sur les frontons intérieurs de cette portion de la galerie longeant la Seine.

Au Louvre, proprement dit, Henri IV fit peu travailler; mais Louis XIII en quadrupla l'étendue en doublant la superficie des deux façades, élevées en équerre sous François Ier et Henri II, et en ordonnant qu'elles fussent répétées sur les deux autres côtés de la cour. Lemercier, à qui ces travaux furent confiés, ne changea rien aux dessins de P. Lescot, si ce n'est dans la construction de ce lourd pavillon à dôme où il remplaça l'attique des façades contigues, par cet ordre de cariatides en bas-relief dont l'effet est si malheureux.

Lorsque, sous Louis XIV, Perrault succéda à Lemercier, les deux étages du rez-de-chaussée et du premier étaient plus ou moins avancés dans le pourtour du quadrangle; l'intention formelle du monarque était d'achever et non de remplacer ce qui était commencé.

Perrault, en plaçant sa célèbre colonnade comme une décoration de fête devant un édifice avec lequel elle n'a rien de commun, pas même la hauteur, ni la largeur, rendit presque impossible le raccordement des façades intérieures et extérieures, força de ne considérer que comme mur de refend celle élevée du côté de la Seine par Lemercier, ou plus probablement par Levau, en regard du collège Mazarin dont ce dernier était l'architecte, et d'élever en avant la façade qui va rejoindre le péristyle, se coordonne avec lui, et qui s'ajuste si mal auprès de la galerie d'Apollon; enfin, créa des difficultés qui désolèrent les Gabriel, les Soufflot, et autres célèbres architectes, appelés par Louis XV et Louis XVI à parfaire ce beau palais, difficultés qui n'ont pu être surmontées que par la volonté de Napoléon devant qui tout devait fléchir, et la science des deux illustres artistes, MM. Percier et Fontaine, dans lesquels il avait mis sa confiance.

Le palais des Tuileries, tel qu'il avait été projeté par Philibert Delorme et J. Bullant, ou tel que nous le font connaître les plans qu'en a donnés Ducerceau, était beaucoup plus considérable en principal et en dépendances que ce que ces architectes en ont exécuté, c'est-à-dire le gros pavillon du milieu et les deux ailes contigues avec les pavillons qui suivent. Les choses en étaient là, quand la prédiction sinistre d'un astrologue détermina la supertitieuse Catherine de Médicis à se faire élever un autre palais, par le même J. Bullant, sur l'emplacement occupé aujourd'hui par la Halle au blé, et à suspendre l'achèvement de celui des Tuileries. Quant aux deux corps de bâtimens et aux deux gros pavillons ajoutés par Ducerceau et Dupeyrac à cette première ligne de bâtimens, comme commencement d'exécution du plan conçu par Henri IV de joindre les Tuileries au Louvre par une galerie qui irait se rattacher aux constructions élevées près du dernier le long de la Seine, ils ne sont aux yeux de tout homme de goût qu'une superfétation au plan de Philibert Delorme, et cette superfétation est d'autant plus malheureuse, que tous les talens de Levau et de Dorbay, chargés par Louis XIV de mettre de l'accord dans ces bâtimens successifs et incohérens à tant d'égards, n'ont eu d'autre résultat que de rendre tolérable ce qui avant était un chef-d'œuvre de ridicule.

Comme on le voit, Henri IV est le premier prince qui ait eu l'idée de réunir le Louvre aux Tuileries, afin, disent les historiens, de jouir alternativement et à son gré des agrémens de la ville et des plaisirs de la campagne, sans sortir de son palais. Les travaux de communication commencés par ce prince furent continués par Louis XIII, puis par Anne d'Autriche, mère de Louis XIV ; et Clément Metezeau, leur architecte, opéra la jonction, vers le pavillon à campanille, de cette immense galerie du bord de l'eau qui, du pavillon bâti par Charles IX à l'angle des bâtimens élevés par J. Bullant pour Catherine de Médicis, sur le jardin de l'Infante, jusqu'au pavillon de Flore, élevé par Depeyrac sur les dessins de Ducerceau, embrasse une étendue de deux cent vingt-deux toises.

Jusqu'alors il n'avait été question, comme on le voit, que d'établir une communication entre le Louvre et les Tuileries, et non de créer un grand ensemble dont toutes les parties se seraient commandées l'une à l'autre et auraient été le résultat d'une combinaison ayant pour but de ne faire qu'un seul et même palais de deux habitations royales, destinées primitivement à rester isolées. Cette idée grandiose vint à Louis XIV : elle était digne de lui. Pour la mettre à exécution, ce monarque se fit présenter des plans par les plus habiles architectes de France et d'Italie, ordonna l'acquisition des propriétés qui se trouvaient entre les deux palais, et arrêta le percement d'une grande rue qui, dans l'axe du Louvre, devait aller rejoindre l'arc-de-triomphe élevé par Perrault, en modèle, à la barrière du Trône. Aucun plan n'ayant répondu aux grandes idées du prince, pas même celui du Bernin qui, nonobstant l'obligation imposée aux concurrens de respecter les parties existantes, les rasaient presque toutes et résolvait ainsi certaines difficultés jugées insurmontables, Louis XIV porta à Versailles son activité créatrice. Il était réservé à Napoléon de reprendre cette magnifique idée et de la poursuivre avec cette persévérance qui était le propre de son caractère. Son premier soin fut d'achever les bâtisses du Louvre, de raccorder les façades intérieures élevées sur les dessins de Perrault avec celles de P. Lescot, de faire justice de toutes les constructions parasites qui y étaient amoncelées, enfin, de donner une destination convenable et permanente aux différentes parties intérieures de l'édifice. Ces immenses et importans travaux, il les confia à MM. Percier et Fontaine, qui montrèrent dans cette circonstance l'exemple bien rare d'une abnégation personnelle en faveur de la chose publique, d'un savoir, d'un goût sûr, d'une activité sans bornes et d'une persévérance dans la voie de conservation qu'ils s'étaient tracée, qu'on ne saurait trop louer, parce que c'est à cette réunion de tant de qualités précieuses qu'est dû l'achèvement, après trois siècles de soins mal dirigés, du plus beau palais qui soit peut-être en Europe.

Pendant que le Louvre s'achevait, le grand projet de réunion se mûrissait.

Selon l'idée de Napoléon, qui avait consulté l'opinion publique et ouvert un concours à cet effet, il était enfin reconnu qu'une galerie semblable à celle du bord de l'eau, qui aurait lié au nord, les Tuileries au Louvre et laissé vide l'intervalle immense existant entre les deux palais, n'eût produit qu'une chose gigantesque et contraire aux règles de l'art et du goût ; qu'un corps de bâtiment transversal, recélant dans son épaisseur les différences de parallélismes et d'alignement des deux palais, offrait le moyen de cacher à la vue les irrégularités les plus apparentes, de donner de la valeur aux deux parties principales de cet ensemble, et de faire disparaître ces discordances d'architecture qui déparent le Louvre dans la partie voisine de la Seine qui fait face aux Tuileries.

Entre cette galerie transversale et le Louvre, une cour d'honneur, formée de constructions latérales destinées à compléter le service et les dépendances du château, était séparée du palais par une galerie, ouverte en arcades, qui liait le Musée à la Chapelle projetée en regard ; le milieu de ce portique était masqué par un arc-de-triomphe placé dans l'axe de la porte du Louvre ; au bâtiment de la chapelle se rattachait la longue galerie parallèle à celle du bord de l'eau, qui devait unir de ce côté les deux palais. Mais en face du Palais-Royal, cette galerie prenait un caractère particulier en approchant de la salle de l'Opéra que l'on se proposait d'élever dans ce lieu.

Du côté des Tuileries, en regard de la façade du château, les choses étaient disposées de manière à isoler, sans détruire l'unité de l'ensemble, les constructions ajoutées par Dupeyrac à l'habitation de Catherine de Médicis bâtie par Delorme et Bullant. A cet effet on construisait, dans l'alignement du guichet de la rue de l'Echelle et du quai, une galerie à jour semblable à celle projetée du côté du Louvre. Cette galerie se combinait avec l'arc-de-triomphe élevé pour lui servir de point-milieu, et, sans avoir été rejoindre ni l'aile du Musée ni l'aile neuve de la rue de Rivoli, se dirigeait ensuite vers la façade des Tuileries, où elle se liait avec des galeries, ouvertes en arcades, répétant celles qui existent sur le jardin et formant une espèce de cadre à la belle architecture du centre du château ; enfin, une fontaine circulaire, placée au milieu de la grande cour du Carrousel, à la rencontre des deux lignes d'axe des deux palais, eût contribué à détruire tout moyen de reconnaître les défectuosités que la position des choses présente.

De ces belles idées, celui qui les a eues n'a vu s'exécuter que l'Arc-de-triomphe élevé en avant du château des Tuileries après la campagne de 1806, la partie de la grande galerie qui va du pavillon Marsan aux guichets de la rue de l'Echelle, et la partie commencée, près le Louvre, de cette Chapelle royale qui devait égaler en grandeur et en magnificence celle du château de Versailles. Les évènemens de 1814 et 1815, qui changèrent la destinée de la France, le forcèrent à laisser à ses successeurs l'obligation de parfaire l'œuvre de son génie.

Louis XVIII et Charles X, malgré leurs efforts, avancèrent peu les travaux de construction, ils ne purent pousser au-delà de la rue de Rohan, c'est-à-dire que jusqu'à la moitié de son étendue, la galerie du nord qui devait aller rejoindre le Louvre ; mais les intérieurs de ce palais, qu'ils décorèrent dans plusieurs de ses parties avec une magnificence sans égale, feront passer leurs noms à la postérité parmi les protecteurs des arts.

Dans la situation actuelle des bâtisses, ce qui reste à faire pour opérer la réunion des deux palais ne nous paraît pas une tâche au-dessus de la puissante main qui a terminé presque en même temps l'Arc-de-triomphe de l'Étoile, la Madeleine, Sainte-Geneviève, le palais du quai d'Orsay, les intérieurs du Louvre, le palais des Beaux-Arts, le Palais-Royal, et restauré d'une manière si digne le château de Versailles. Nous pensons, au contraire, qu'il appartient au règne de Louis-Philippe Ier, à qui la France est déjà redevable de tant de beaux monumens, d'achever l'œuvre conçue, et exécutée en partie, par les deux souverains dont les générations futures ne cesseront d'admirer et le beau caractère et les hauts faits.

Pour y parvenir, deux points essentiels sont à fixer : celui des modifications que l'économie et les besoins nouveaux demandent qu'on fasse éprouver aux plans de MM. Percier et Fontaine, et celui des fonds nécessaires aux dépenses d'une telle succession de travaux, car les ressources de la liste civile actuelle sont hors de proportion avec l'importance du projet.

Sur ces matières je vais émettre quelques idées et présenter des faits qui, je l'espère, aideront à résoudre plus d'une question, à aplanir plus d'une difficulté.

Depuis 1830 les plans de MM. Percier et Fontaine ayant subi plusieurs modifications, car il fut un instant question de faire entrer le Palais-Royal dans l'ensemble du Louvre et des Tuileries, et de doubler, sur le jardin, les bâtimens élevés par P. Delorme et J. Bullant, puis cette notable amplification a été abandonnée, aussi bien que l'idée d'élever la Chapelle royale et l'Opéra près du Louvre, il convient de désigner ici l'emploi de chacune des parties conservées du plan général sanctionné par le roi Louis-Philippe Ier, afin de mettre le lecteur au courant de la situation des choses et d'apprécier convenablement ma proposition.

Dans le dernier programme, le palais des Tuileries reste uniquement affecté à l'habitation du souverain; la galerie qui va du pavillon Marsan au Louvre, est réservée à l'administration de la liste civile, aux logemens des personnes attachées au prince, celle du bord de l'eau à l'exposition permanente des chefs-d'œuvre des différentes écoles de peinture. L'étage au-dessous du Musée continuera d'être affecté à la Bibliothèque particulière du roi et aux archives de la couronne ; des remises pour 60 voitures occuperont le rez-de-chaussée donnant sur une cour basse, ayant ses entrées sur le quai; l'aile transversale faisant face aux Tuileries et au Louvre est entièrement consacrée aux fêtes et aux solennités de la représentation nationale, son rez-de-chaussée sert de passage et de promenoirs publics. Des deux ailes qui, du Louvre, viendront aboutir à la galerie transversale, celle du côté du Palais-Royal sera divisée en grands logemens avec leurs dépendances ; l'autre, au côté opposé, située au midi, se liera avec le grand salon d'exposition, la galerie d'Apollon et le salon d'angle sur le jardin de l'Infante ; et ce sera dans cette longue suite de pièces, se communiquant l'une à l'autre, que seront reçues les productions envoyées tous les ans au Louvre par les artistes vivans ; on évitera ainsi l'inconvénient grave, de couvrir ou de déplacer pendant plusieurs mois de l'année, comme on est obligé de le faire aujourd'hui, les tableaux de la galerie du Musée; enfin, le rez-de-chaussée sera employé aux écuries du château, leur entrée est par la cour des remises précédemment décrites. Quant au palais du Louvre, il est spécialement et exclusivement consacré à recevoir et à offrir continuellement aux regards du public et à l'étude les richesses de la couronne en objets d'arts, d'antiquité et de curiosité.

Cet exposé de la destination des diverses parties de ce grand tout suffit, ce me semble, pour démontrer l'opportunité de la proposition que je fais de placer auprès du sanctuaire des arts, et le riche dépôt des connaissances humaines que renferme la Bibliothèque royale, et l'exposition périodique des produits de l'industrie, ces sources de gloire et de richesse, qui ne sont jamais plus abondantes que quand elles jaillissent à l'ombre de la protection d'un souverain éclairé.

Il me faut maintenant indiquer quelle partie de ce vaste ensemble occuperont ces deux établissemens, afin d'apporter le moins de changement possible aux plans si beaux et si bien étudiés de MM. Percier et Fontaine.

Tous deux trouvent leur place dans un seul et même corps de bâtiment que j'établis sur le terrain où mes illustres maîtres se proposaient d'élever la Chapelle et l'Opéra, terrain de beaucoup supérieur en étendue à celui enclavé entre les rues Richelieu, Colbert, Vivienne et Neuve-des-Petits-Champs sur lequel on se proposait, on avait même commencé de replacer la Bibliothèque royale.

Bientôt, par des calculs positifs, je prouverai l'économie qui résulterait de l'adoption de ce parti. Quant à présent, je désire seulement qu'il soit bien reconnu que de tous les emplacemens proposés pour l'établissement de la Bibliothèque royale, soit la place Belle-Chasse, soit le quai d'Orsay, soit le collège Mazarin, soit la place Dauphine, aucun n'est plus convenable que l'approche du Louvre et du Palais-Royal; car c'est là le centre de la ville et des affaires, là que le savant, l'homme studieux et l'artiste, tout aussi bien que l'artisan et le manufacturier, sont accoutumés à venir consulter le dépôt précieux, unique à Paris, où l'on trouve rassemblés et mis à la disposition du public, ces manuscrits, ces livres de tous les âges et sur toutes les sciences, ces collections d'estampes, et de gravures, ces pierres gravées, ces médailles antiques et modernes, en un mot ces richesses de l'intelligence humaine que les siècles, la protection et la munificence royale y ont agglomérés. Quant à l'idée d'établir l'exposition des créations de l'industrie auprès du dépôt des créations de l'esprit, elle est logique, parfaitement naturelle, et, comme elle procure au trésor, ainsi que je le démontre plus loin, une économie de plusieurs millions de francs, elle mérite d'être accueillie ou tout au moins examinée avec soin.

Dans mon projet, l'entrée principale de la bibliothèque est en face du Palais-Royal, sur une place spacieuse et régulière dont le milieu est orné d'une fontaine jaillissante. Les bâtimens communs aux deux établissemens sont disposés autour de grandes cours afin d'en multiplier la superficie, d'avoir les moyens d'éclairer leur intérieur d'une manière convenable, et de pouvoir affecter, s'il en est besoin, à chacun des départemens de la bibliothèque, comme livres, manuscrits, estampes, médailles, antiquités, etc., etc., un local spécial, ayant une entrée à part. Le rez-de-chaussée est donné à l'industrie nationale, le premier étage aux richesses scientifiques et littéraires. Afin de mettre à l'abri du feu ces précieux dépôts, toutes les salles en seront voûtées en pierre ou en fer et l'on renoncerait au projet d'établir des logemens dans l'aile au nord de l'avant-cour du Louvre, dont les bâtimens deviendraient ou une annexe ou une partie distincte de la bibliothèque. Isolé ainsi de toutes parts, l'établissement n'aurait plus à craindre le fléau qui le menacerait plus ou moins partout ailleurs, et l'on se ménagerait la faculté de lui ouvrir une entrée noble par le milieu de l'avant-cour du Louvre. Comme l'ensemble des galeries du rez-de-chaussée excéderait les besoins de l'industrie, on pourrait en réserver une partie pour le service de la bibliothèque; enfin, pour favoriser la circulation et prévenir les encombremens si fréquens dans les lieux où le public afflue, l'entrée principale des galeries d'exposition des produits de l'industrie serait sur la petite place dite de l'Oratoire, située au bout des rues du Coq et de la Bibliothèque, et la sortie sous les portiques de la galerie transversale séparant la place du Carrousel de l'avant-cour du Louvre.

Maintenant que j'ai démontré la possibilité d'établir près du Louvre la Bibliothèque royale et les salles d'exposition des produits de l'industrie, sans nuire au magnifique ensemble qu'offre le plan de MM. Percier et Fontaine, il me faut prouver par des chiffres l'économie qui résulterait de l'adoption de mes idées. je vais y procéder à l'aide de données certaines, irrécusables, je pourrais presque dire officielles; les tableaux placés à la fin de cet écrit, comme pièces à l'appui des faits que j'avance, ayant été rédigés, pour les superficies, d'après le plan récemment publié par M. Jacoubet, chef du bureau des plans à la Ville, et les estimations ayant pour base une échelle proportionnelle dont on reconnaîtra la justesse si l'on considère qu'elle est la même pour les propriétés à vendre et à acquérir et que, si elle est trop élevéepour les terrains chargés de constructions qui sont à vendre, elle ne le sera pas moins pour les terrains également chargés de constructions qui sont à acquérir; qu'ainsi, les différences de l'estimation provisoire à la valeur réelle, ne changent rien à l'exactitude de mes calculs.

Quant à la valeur comparative des terrains à vendre et à acquérir, chacun sait que les premiers, à cause de leur situation, ont infiniment plus de prix que les seconds; mais comme il y aura peut-être des indemnités à allouer aux propriétaires qu'on dépossédera avant le temps voulu par la loi, j'estime que la différence de la plus-value des uns à la moins-value des autres pourra suffire au chiffre des indemnités éventuelles. Ceci bien entendu, je passe aux faits.

Les frais de constructions de la Bibliothèque royale, estimés 14 millions, devant être les mêmes sur tel terrain qu'on la bâtisse, je n'ai à m'occuper que d'établir la proportion relative des terrains à vendre rue Richelieu et celle des propriétés à acquérir près du Louvre pour compléter l'emplacement proposé, car la couronne et l'état possèdent déjà la majeure partie de ce dernier.

Suivant le tableau n° 1 , la superficie occupée par la Bibliothèque actuelle et l'ancien Trésor est de 15,056 mètres, lesquels estimés à 600 fr. donnent une somme de. . . . .   9,033,600 fr.

Le tableau n° 2 évalue à 13,984 mètres la surface des propriétés à acquérir, tant pour l'objet principal que pour le prolongement de la rue de Rivoli, lesquels à 600 fr. donnent. . .   8,390,400 fr.

Bénéfice. . . . . .   643,200 fr.

Mais, comme ce projet doit améliorer de beaucoup le centre de Paris, la Ville ne pourrait se refuser à soulager le Trésor du prix des maisons à abattre pour prolonger la rue de Rivoli, puisque cette rue, devenant voie publique, devra lui appartenir; elle aura également à indemniser le Trésor de la valeur des propriétés qu'elle aurait à acquérir dans les rues Froidmanteau, Saint-Thomas du Louvre , de Chartres , Beaujolais , Valois , et Montpensier, pour porter à 10 mètres de largeur la partie de ces rues qui sera achetée des deniers de l'état pour l'exécution du grand projet; cette portion, d'après les tableaux 4 et 5, n'étant pas moins de 4,672 mètres donne à 600 francs le mètre . . . . .   2,803,200 fr.

Le Trésor aurait ainsi un bénéfice de. . . . .   3,246,400 fr.
et l'état serait affranchi pour toujours des dépenses occasionnées à chaque exposition de l'industrie française, par l'établissement de ces galeries volantes et combustibles où les manufacturiers de France viennent exposer périodiquement le résultat de leurs travaux; bien plus, il y gagnerait encore la valeur du terrain que tôt ou tard il sera dans l'obligation d'acheter pour élever à l'industrie un palais qui soit en rapport avec l'importance de son objet, c'est-à-dire, un palais non moins riche, non moins vaste que celui récemment élevé sur le quai d'Orsay sans destination connue. Alors les étrangers cesseront de s'étonner que la ville de Paris, si riche en édifices de luxe et d'utilité publique, où chaque grand corps de l'état, chaque ministère, chaque département administratif, les Tribunaux, la Bourse, l'Académie des sciences, des lettres et des arts, l'école spéciale des Beaux-Arts, occupent ou de riches hôtels, ou des édifices somptueux et qui consacre le plus beau , le plus magnifique de ses palais, après celui du souverain , à l'exposition permanente des chefs – d'œuvre des arts de toutes les époques , de tous les peuples, n'ait point encore de local spécial pour l'exhibition des produits de l'industrie nationale, cette source première, après l'agriculture, de la richesse d'un pays.

Je m'abstiens de rechercher s'il existe dans la ville un autre emplacement spacieux, d'un facile abord, entouré de percés grands et nombreux pour y bâtir, à tel prix que ce soit, le palais de l'industrie nationale, persuadé que je suis de n'en rencontrer aucun plus favorablement situé que celui destiné naguère à l'Opéra et à la Chapelle du Louvre.

Les considérations qui précèdent ne sont pas les seules que je pourrais appeler à l'appui de mes plans, mais, sans insister davantage sur l'économie de plus de 6 millions qui résulterait pour le Trésor de l'acquisition d'un seul terrain et de la construction d'un seul monument, au lieu de deux, si les deux établissemens devaient être un jour séparés; sans trop faire valoir l'avantage que procurerait au fisc et au peuple le mouvement, dans cette occasion, de plus de 62 millions de francs comme on va le voir, j'appellerai l'attention du gouvernement sur un fait majeur qui doit faire pencher la balance en faveur de mon projet; ce fait est le complément d'exécution du grand et beau projet de réunion du Louvre aux Tuileries, tel que l'ont conçu MM. Percier et Fontaine, tel que nous l'avons décrit, tel qu'il est figuré sur notre planche (*voy.* Pl. 2); complément qui risque d'être indéfiniment ajourné, de ne s'opérer jamais peut-être, ou avec une telle lenteur que la génération présente n'en verra pas la fin, si l'on ne met à profit les circonstances actuelles qui permettent à trois budgets différens, quand celui de la liste civile est reconnu insuffisant, de participer à la dépense des 30 millions et plus, nécessaires à le parfaire.

Voici comment seraient réparties les dépenses et à quel mouvement de fonds l'opération donnerait lieu :

BUDGET DE L'ÉTAT.

Acquisition des propriétés voisines du Louvre (*Voy.* le tableau N°s 2 et 3). . . . . . . 8,390,400 fr.   8,390,400 fr.

Construction de la Bibliothèque royale.. . 14,000,000   14,000,000

Construction des galeries d'exposition des produits de l'Industrie. 5,000,000   5,000,000

      Total. . . . . 27,390,400 fr.

Dont il faut déduire :

La valeur des terrains, bâtimens et dépendances de la Bibliothèque et de l'ancien Trésor (*Voy.* le tableau N°s 1 et 3). 9,033,600   9,033,600

      Reste. . . . 18,356,800 fr.

BUDGET DE LA VILLE.

Indemnité ou participation de la Ville de Paris pour la rue de Rivoli et les alignemens compris dans les dépenses de l'État (*Voy.* tableau N° 5). 2,803,200

Reste pour total de la dépense aux rais de l'État. . . . . 15,553,600 fr.

      A reporter. . .   36,424,000 fr.

Report. . . 56,424,000 fr.

Propriétés à acquérir entre le Louvre et les
Tuileries (*Voy.* tableau N° 6). . . . . . . 1,170,000 fr. 1,170,000

Constructions de la Galerie destinée aux tableaux modernes, du complément de la Galerie transversale en regard des Tuileries, de la
Fontaine monumentale, etc., etc. (*Voy.* le tableau N° 6 et le plan gravé). 13,000,000 13,000,000

Total pour la liste civile. . . . 14,170,000 fr.

Si l'on ajoute à ces capitaux ceux que les particuliers
emploieront à utiliser les terrains enclavés dans les rues
Richelieu, Vivienne, Neuve des Petits-Champs et Colbert, à
border de maisons la partie nouvelle de la rue de Rivoli
et exécuter auprès du Louvre toutes les améliorations que
demandera l'état des choses, travaux dont l'ensemble ne
pourra pas demander moins de. 12,000,000

on aura un total de mouvement de capitaux de. . . . . 62,594,000 fr.

Ainsi il se sera opéré, en moins de six ans peut-être, un mouvement de près de
soixante-trois millions de francs qui jetteront l'aisance dans une classe intéres-
sante de la société, procureront au fisc au-delà de cinq millions de droits d'en-
registrement et autres, et au trésor un surcroît de recette proportionné à la plus-
value des propriétés particulières élevées ou améliorées dans les deux quartiers
que ces travaux embelliront. D'après ces données la dépense pour l'Etat se
trouvera limitée à moins de 11 millions et, avec cette somme, il aura construit
deux monumens utiles et contribué puissamment à l'achèvement du plus beau
palais du monde.

Je laisse aux hommes d'état et aux économistes le soin d'apprécier toute l'é-
tendue du bien-être qui résulterait pour la ville de Paris et sa population indus-
trielle, de cet énorme mouvement de fonds, et de la transformation de ces mâsures
informes, de ces rues étroites et sinueuses qui déparent les approches du Louvre
et du Palais-Royal en riches, vastes et belles propriétés, en rues larges et bien
alignées.

S'il m'était permis de préjuger le résultat de la discussion de ma proposition
aux Chambres et dans le Conseil des ministres, je me féliciterais dès à présent
d'avoir contribué à l'adoption du plan qui en est l'objet, par la production de
renseignemens propres à éclairer la question. En effet, qui ne reconnaîtra avec
moi, la reconstruction de la Bibliothèque étant jugée urgente, non moins peut-
être que la création d'un local fixe pour les expositions de l'industrie, qu'il
convient de placer ces deux établissemens auprès du Louvre, où sont conservés,

et offerts à l'étude ces chefs-d'œuvres des arts antiques et modernes que
la munificence royale s'est toujours plu à augmenter; qui niera la nécessité de dé-
blayer les approches du Louvre et des Tuileries de ces mâsures informes, qui
semblent accuser la France d'abandonner par inconstance, légèreté ou parcimo-
nie, et au milieu de son exécution, le plus beau projet qu'ait peut-être enfanté
l'esprit humain. Je le demande, est-il au monde un spectacle pareil à celui qu'of-
frirait à l'étranger, qui ferait son entrée à Paris par la barrière de l'Etoile, cet
Arc-de-Triomphe colossal et majestueux, d'où l'on apperçoit le palais du souverain à travers une avenue immense; ce beau fleuve, bordé de quais ma-
gnifiques meublés de monumens dont le faste est le moindre mérite ; ce
dôme des Invalides, si noble de forme et d'effet et tout resplendissant d'or;
cette immense place Louis XV, qui annonce d'une manière grandiose l'approche
du palais du prince; cette église de la Madeleine, ce frontispice de la Chambre
des députés, et ce pont Louis XVI, véritables merveilles de l'art; et cette belle
rue de Rivoli, bordée de portiques d'une architecture régulière et uniforme dans
toute sa longueur et qui côtoie ce jardin des Tuileries, réputé en Europe pour
être le plus beau de son espèce ; et cette magnifique place Vendôme avec sa
colonne triomphale en bronze ; et ce palais des Tuileries, qui, malgré les dé-
fauts de détails que nous avons signalés, est une des plus belles productions de
l'art moderne; et ces somptueux bâtimens où seraient établis la Bibliothèque
royale, le palais de l'industrie ainsi que la galerie des fêtes et cérémonies nationales; enfin, ce Louvre, chef-d'œuvre de goût et d'art, lié au palais du prince par
ces immenses galeries du bord de l'eau et de la rue de Rivoli et par une combinaison savante de bâtimens couvrant à eux seuls la surface d'une ville entière?

S'il est vrai que l'image de la puissance et de la richesse d'une nation se reflète
dans le palais de son souverain, qu'elle idée ne prendra-t-on pas de la France
quand toutes ces choses auront reçu leur entière et complète exécution!

Je le répète, parce qu'on ne saurait trop le redire, l'intervalle qui sépare le
Louvre des Tuileries ne peut rester plus long-temps tel qu'il est, la majesté du
prince, l'intérêt particulier de la ville, la gloire nationale veulent que ce qui est
commencé soit achevé.

Que les chambres votent les fonds nécessaires aux travaux reconnus devoir être
la charge de l'état dans ce grand projet, qu'elles confient ces fonds au roi Louis-
Philippe Iᵉʳ(1), en rendant la liste civile responsable de l'entière exécution, dans un
temps donné, des plans arrêtés, alors la France connaîtra à l'avance la quotité in-

---

(1) Les travaux dirigés par la couronne sont toujours mieux exécutés et avec plus de célérité et d'économie que ceux confiés aux administrations dépendantes des ministères, surtout depuis qu'une mobilité
fâcheuse dans le personnel des ministres laisse à peine à celui qui commence une grande chose, l'espoir
d'y attacher son nom et de la voir conduite à fin. De là viennent cette indifférence et cette lenteur qui
compromettent à-la-fois les intérêts de l'état et de l'art. Le palais du quai d'Orsay en offre un déplorable
exemple, car aujourd'hui même, on ne sait ce qu'on en doit faire après y avoir consacré des sommes
énormes.

variable de la dépense qu'elle s'imposera, alors elle verra se réaliser, en peu d'années, le plus beau, le plus vaste, le plus majestueux, le plus complet, le mieux ordonné des palais qui soient en Europe, les immenses travaux conduits à fin depuis 1830, nous en sont garans ; alors il ne sera plus question de détruire ces appartemens du Louvre, décorés d'une manière si splendide par nos habiles artistes, et d'en retirer les objets d'arts qui les remplissent déjà presque entièrement, pour y loger la Bibliothèque royale; et l'on n'aura plus besoin de créer périodiquement, sur une de nos places publiques, de somptueuses échoppes pour y étaler, comme à une foire, les produits de nos manufactures aux époques où les étrangers sont appelés à venir juger les progrès de notre industrie.

Puissent les échos porter ma faible voix jusqu'aux oreilles des hommes à qui il appartient de doter ou de priver la France d'un monument digne d'être rangé au nombre des merveilles du monde! Puisse cette voix être soutenue de celles de tous les amis des arts et de nobles idées! Peut-être en résultera-t-il pour moi la douce satisfaction de voir la France constitutionnelle achever, en un lustre peut-être, des travaux que trois siècles de notre antique monarchie ont à peine pu conduire à la moitié de leur surface.

Outre la proposition dont il vient d'être question, j'avais eu dessein, en commençant cet écrit, d'appeler l'attention sur la convenance qu'il y aurait à confier à la couronne l'administration particulière de la Bibliothèque royale, lorsque cette bibliothèque sera placée, comme le Musée des antiques, des tableaux et des dessins déjà sous sa tutelle, dans le palais du souverain.

Chacun sait avec quelle constante sollicitude les rois qui ont succédé à Charles V, mort en 1380, qui fut le fondateur de notre Bibliothèque royale et la logea au Louvre d'alors, à côté de son Trésor, dans la tour connue sous le nom de tour de la librairie, l'ont enrichie et augmentée; combien lui furent profitables l'amour de François Ier pour les lettres et les arts, et les soins affectueux de Henri IV et de Louis XIV, sous le règne duquel elle fut transférée, en 1666, de la rue de la Harpe, dans deux maisons appartenant à Colbert, rue Vivienne, non loin du palais Mazarin qu'elle occupe depuis 1721. Cette confiance accordée au souverain aurait le double avantage de stimuler, si cela était un jour nécessaire, l'affection du prince pour un établissement dont la prospérité serait l'ouvrage de ses ancêtres, et de réunir sous une même administration des établissemens si intimement liés de but et d'utilité (1). Mais j'ajourne le développement de mes idées particulières à ce sujet, jusqu'à ce que la prise en considération ou le succès de ma proposition principale ait donné de l'à-propos à celle-ci.

<hr>

(1) Le prince aura toujours un intérêt plus direct à protéger les arts, leur splendeur étant un des plus beaux reflets de la couronne, que des ministres amovibles et trop souvent sans avenir sous notre régime représentatif. Quant aux objets réunis au dépôt sacré des richesses nationales par la munificence royale, le seul fait qu'ils sont devenus propriété de l'état et non du prince, les garantit pour toujours de toute distraction, de toute aliénation illégale.

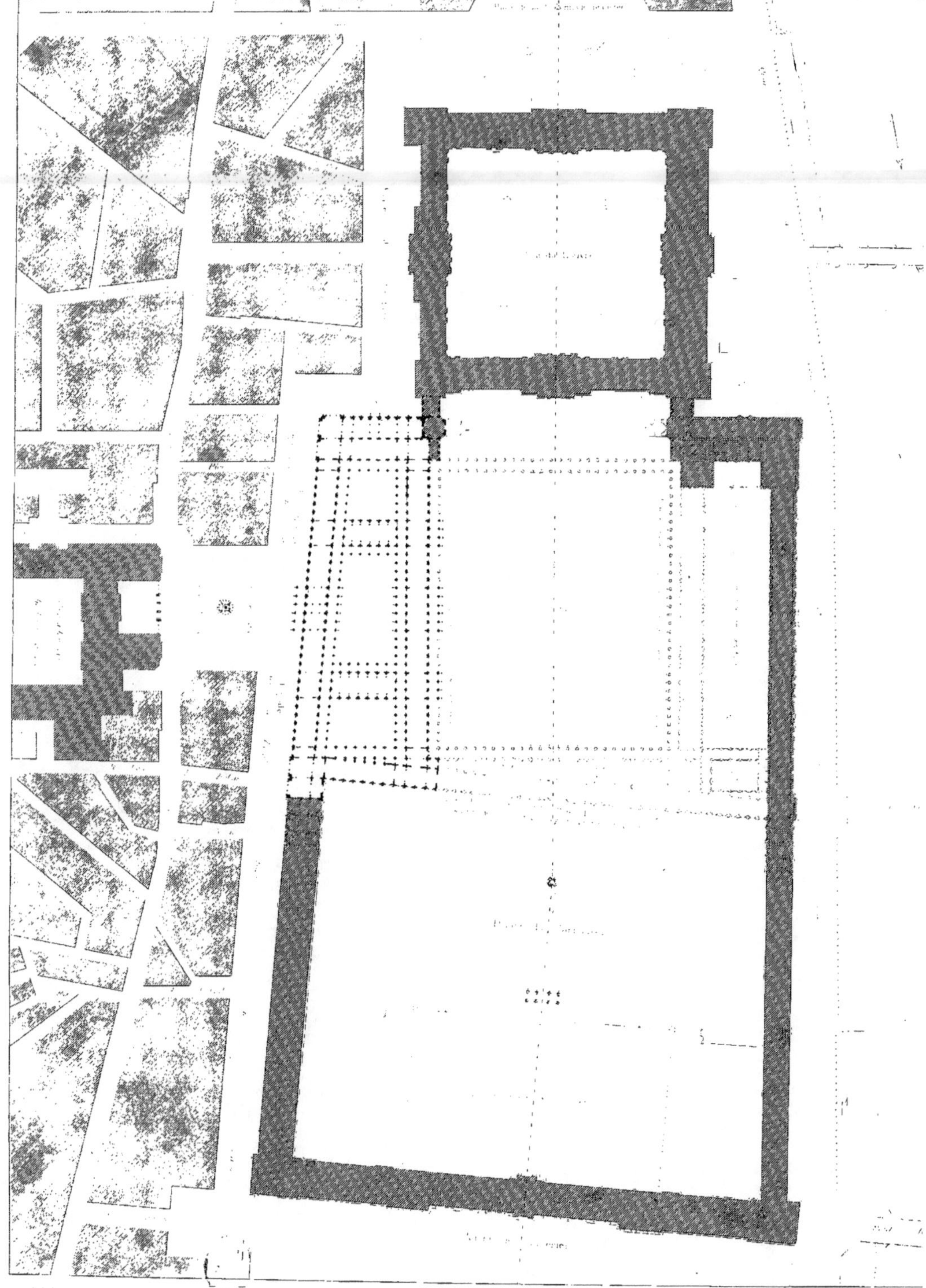
PROJET POUR L'EXPOSITION DES PRODUITS DE L'INDUSTRIE
SUIVANT LES PRINCIPALES DISPOSITIONS DU PLAN DE MM PERCIER ET FONTAINE
PAR M. L. LUSSON ARCHITECTE.
PLAN DU PREMIER ETAGE.

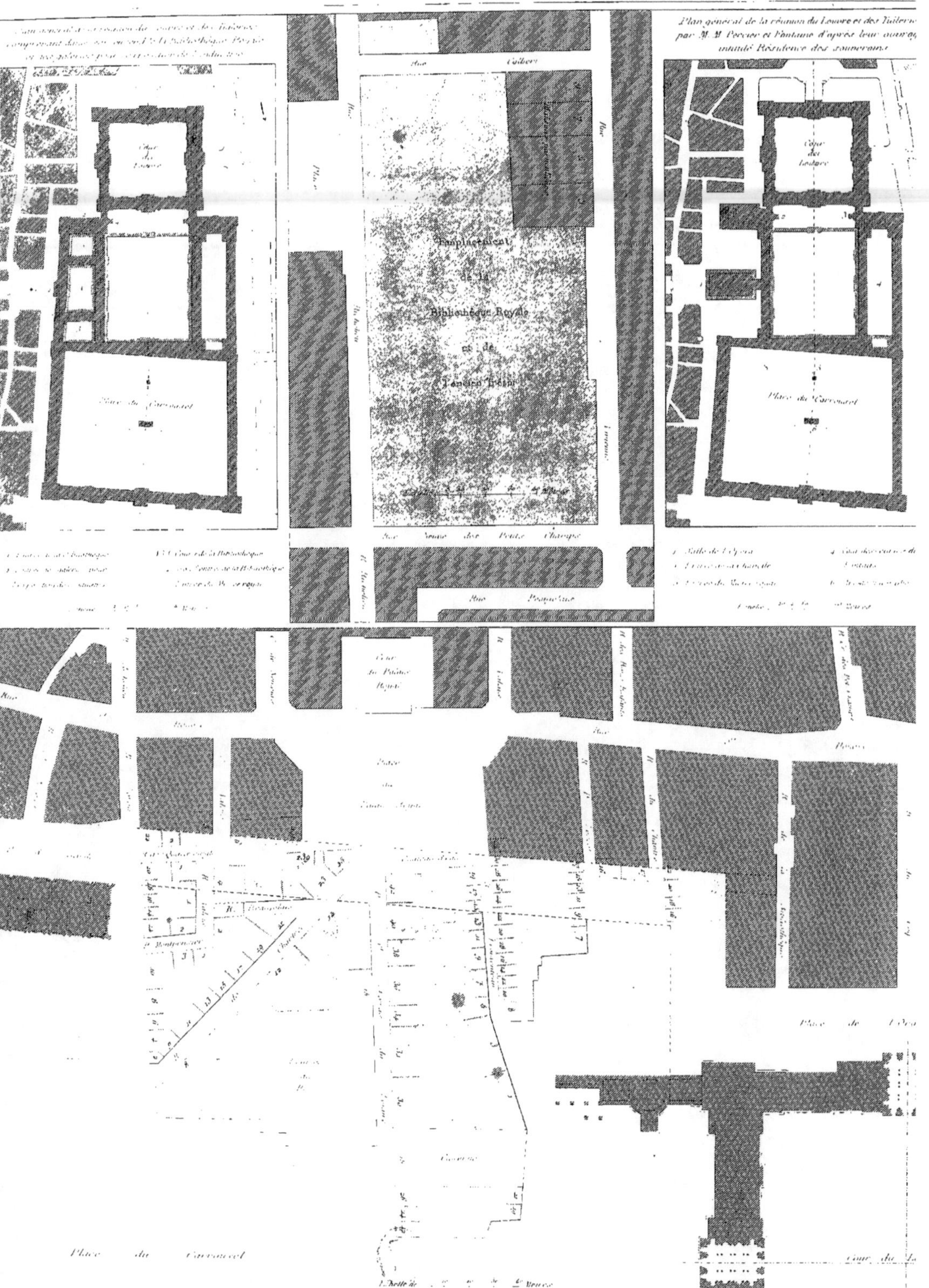

PREMIER TABLEAU.

Surface du terrain occupé par la Bibliothèque royale et l'ancien Trésor, que l'État pourra vendre. (Voy. pl. 2.)

La surface des terrains occupés par la Bibliothèque Royale actuelle, y compris les bâtimens de l'ancien Trésor et quatre maisons particulières, est de   16 560ᵐ00

Il faut ajouter à ce terrain la partie de la Bibliothèque qui est au-delà de la rue Colbert dont la superficie est de. 512 00

Total du terrain 17 072ᵐ00

Mais de cette surface il faut déduire celle des quatre maisons particulières sur la rue Vivienne, nᵒˢ 3, 5, 7 et 9 qui est de. . .   2 016 00

Total vrai des mètres de terrain appartenant à l'État. 15 056ᵐ00

DEUXIÈME TABLEAU.

Maisons et terrains à acquérir pour exécuter le projet de réunion du Louvre aux Tuileries et prolonger la rue de Rivoli jusqu'à la place de l'Oratoire. (Voy. pl. 2.)

3 maisons situées entre les rues des Quinze-Vingts, de Rohan et de Valois, dont la surface est de. . . . . , ... , . .   210ᵐ00

6 maisons comprises dans l'îlot entre les rues Montpensier, Valois, Quinze-Vingts, Rohan produisant une surface de. . .   683 00

15 maisons dans l'îlot entre les rues de Chartres, Beaujolais, Valois, Montpensier et la place du Carrousel. 1 547 50

6 maisons dans l'îlot entre la place du Palais-Royal et les rues de Chartres, Beaujolais et de Valois. 1 178 00

5 maisons dans l'îlot entre les rues de Chartres, Saint-Thomas-du-Louvre et le Carrousel, y compris le théâtre du Vaudeville, mais non les écuries du roi qui ont été acquises pour être démolies. .   2 237 50

22 maisons situées entre les rues Saint-Thomas-du-Louvre, Froidmanteau et le Carrousel, outre l'ancien hôtel servant aujourd'hui de caserne, qui a été acheté par la couronne pour être démoli, et le bâtiment du Château-d'Eau, appartenant à l'État, situé sur la place du Palais-Royal. 5 752 00

15 maisons dans l'îlot entre les rues Froidmanteau et Pierre-Lescot. 1 816 00

2 maisons entre les rues Pierre-Lescot et de Chartres. . . .   110 00

4 maisons entre les rues de Chartres et en retour sur la place de l'Oratoire dont la surface est de. 450 00

Total de la surface des maisons à acquérir. 13 984ᵐ00

TROISIÈME TABLEAU.

Estimation des propriétés à vendre et de celles à acquérir par l'Etat.

La surface totale des terrains à vendre, avec les constructions dépendantes de la Bibliothèque et de l'ancien trésor, est, suivant le tableau N° 1, de 15,056 mètres à 600 fr. le mètre. . . . .   9,033,600 fr

Celle des maisons à acquérir pour le prolongement de la rue de Rivoli, l'établissement de la Bibliothèque et des galeries de l'Industrie et compléter les abords, est (*voy.* tableau N° 2) de 13,904 mètres à 600 fr. le mètre.   8,390,400

Bénéfice pour le Trésor. . . . .   643,200 fr.

QUATRIÈME TABLEAU.

Surfaces des terrains et des maisons à acquérir par la Ville pour prolonger la rue de Rivoli, depuis la rue de Rohan jusqu'à la place de l'Oratoire (1).

Sur le côté gauche des Quinze-Vingts.	210ᵐ 00
En face, sur le côté droit.	230 00
Entre la rue de Valois, la place du Palais-Royal et la rue de Chartres.	1,046 00
Entre la rue de Chartres et Saint-Thomas-du-Louvre.	72 00
Entre les rues Saint-Thomas et Froidmanteau.	640 00
Entre les rues Froidmanteau et Pierre Lescot.	874 00
Entre les rues Pierre Lescot et du Chantre.	110 00
Depuis la rue du Chantre jusqu'au retour sur la place de l'Oratoire. . . . . , .	450 00
Total des maisons à acquérir pour former la rue de Rivoli . .	3,632ᵐ 00

(1) Dans l'état actuel des choses, quand le prolongement de la rue de Rivoli jusqu'à la place de l'Oratoire est devenu une nécessité absolue, pour suppléer à ce qu'a d'insuffisant la rue Saint-Honoré à la circulation des voitures et des piétons; quand le quartier du centre de Paris, entre le Louvre, la rue Saint-Honoré et le Palais-Royal, est sillonné de rues étroites, sales et mal habitées, quand les lettres patentes de 1784 et le nouveau code de voirie veulent qu'on porte ces dernières à 30 pieds de largeur au moins; enfin quand la Ville retirera un avantage particulier fort important et du mouvement de fonds que nécessiteront les travaux à faire et la plus-value que ces travaux procureront aux propriétés de tout ce quartier, on doit croire qu'elle ne se refusera pas à indemniser le trésor des dépenses dont il la dispensera dans cette opération, d'autant plus que si l'on n'adopte pas mes idées pour l'achèvement du Louvre, elle sera forcée d'exécuter, à ses propres frais, dans un délai qui ne saurait être long, le percé de la rue de Rivoli et les alignemens signalés.

CINQUIÈME TABLEAU.

Alignemens dont la ville de Paris sera déchargée, dans la portion des rues Froid-manteau, Saint-Thomas, de Chartres, Beaujolais, Valois, Montpensier, comprise dans le grand ensemble du Louvre et des Tuileries, si l'on y fait entrer la Biblio-thèque et les galeries de l'industrie, alignement dont il nous parait juste que la ville verse la valeur présumée dans les caisses de l'État.

Pour la rue Froidmanteau, environ	160ᵐ 00
Saint-Thomas-du-Louvre.	300 00
de Chartres.	300 00
Beaujolais.	160 00
Valois	60 00
Montpensier	60 00
Total. . . .	1,040ᵐ 00
Plus pour la rue de Rivoli, suivant le tableau N° 4.	3,632 00
Total. . . .	4,672ᵐ 00
Lesquels 4,672 mètres à 600 fr. donnent.	2,803,200 fr.

SIXIÈME TABLEAU.

Dépenses de la liste civile pour l'acquisition des maisons et les constructions à exécuter sur la place du Carrousel.

SAVOIR :

Surface totale des maisons à acquérir dans les rue et impasse du Doyenné, dont le terrain est nécessaire pour l'exécution des bâtimens de dépendances du palais des Tuileries, 2600 mètres qui peuvent être évalués à 450 fr. le mètre (1). . . . . 1,170,000 fr.

La construction de la portion de la galerie transversale et de celle en retour destinée aux expositions annuelles des tableaux modernes, et dont le rez-de-chaussée contiendra les écuries du roi, peut être évaluée. . . . . 13,170,000 fr.

Total des dépenses de la liste civile. . . . . . 14,170,000 fr.

(1) Je n'ai pas cru nécessaire de donner les plans des dix propriétés situées rue et impasse du Doyenné; leur valeur est peu considérable, vu le médiocre état de leur construction et de leur con-servation.